EXTRAITS

D'UN

MANUSCRIT DE DOM GOURDIN,

Contenant le recueil des Dissertations lues par lui à l'Académie de Rouen,

PAR

M. CH. DE ROBILLARD DE BEAUREPAIRE.

(*Lu dans la séance de l'Académie de Rouen, du 5 Avril 1867.*)

ROUEN,
IMPRIMERIE DE H. BOISSEL,
Rue de la Vicomté, 55.

—

1867.

EXTRAITS

D'UN

MANUSCRIT DE DOM GOURDIN,

Contenant le recueil des Dissertations lues par lui à l'Académie de Rouen.

Je dois à l'aimable intervention de notre excellent confrère M. Auguste Lévy, qui l'a signalé à mon attention, et à l'extrême obligeance de M. Picard auquel il appartient, la communication d'un manuscrit de Dom Gourdin, qui m'a paru précieux à consulter pour l'histoire de notre ancienne Académie.

Je parlerai de ce manuscrit moins en littérateur soucieux de la forme qu'en archiviste ou en bibliographe, et, autant qu'il me sera possible, je me bornerai à reproduire les documents qu'il contient. J'accomplirai de la sorte, pour ma faible part, le vœu de M. Gosseaume, dont les efforts ont tendu pendant si longtemps à compléter les archives de l'Académie. Le volume en question, de format in-4, contient 18 dissertations écrites de la main de Gourdin, relatives à des sujets très divers, qui témoignent par cette diversité même et par le soin avec lequel ils sont traités, de l'érudition aussi variée que profonde de notre éminent confrère. Toutes ont été composées entre les années 1771 et 1789. La plupart ont été lues à l'Académie, à l'égard de laquelle Gourdin professait un respect et une affection qu'inspirent rarement à un pareil degré les corps littéraires de notre temps. L'Académie était pour lui une sorte de famille. Le désir de prendre part à ses travaux fut un des motifs qui lui firent rechercher la faveur d'être attaché à l'abbaye de Saint-Ouen. Tour-à-tour associé-adjoint (sa qualité de régulier n'avait pas permis de lui donner un autre titre), bibliothécaire en remplacement de Vrégeon, secrétaire pour la classe des lettres quand il ne porta plus l'habit religieux, il contribua à soutenir la réputation de notre compagnie par de savants mémoires, et son mérite universellement reconnu ne fut pas sans peser dans la balance, lorsque, au sortir de nos discordes civiles et par la protection de M. Beugnot, premier préfet de la Seine-Inférieure, l'Académie fut rétablie dans ses anciennes attributions. On n'a point oublié les services rendus à ce pays par Gourdin, comme bibliothécaire de la ville. C'est à lui qu'il faut rapporter l'honneur de la formation de cette bibliothèque qui, par ses soins et par ceux de ses deux dignes successeurs MM. Licquet et André Pottier, est devenue l'une des plus belles et des plus riches de la France. Ce que fit Lecarpentier pour le Musée, Gourdin le fit pour la Bibliothèque. L'un et l'autre conservèrent le goût des arts et de la science à une époque où tout semblait menacé de destruction, et ils furent assez heureux pour préserver de la ruine les richesses artistiques et littéraires que les décrets du gouvernement avaient mises à la disposition de l'administration départementale. Il eut été à souhaiter que les archives du pays eussent été l'objet d'une sollicitude aussi éclairée. Nous aurions aujourd'hui moins de pertes à déplorer.

Dans le volume qui nous occupe, il n'y a que la première moitié qui soit écrite ; le reste est demeuré en blanc. Ce n'est pas cependant que, passé 1790, Gourdin n'ait rien composé. On pourrait citer de nombreux mémoires, écrits postérieurement à cette date et pendant tout le cours de sa verte et laborieuse vieillesse. Mais cette année 1790 fait époque dans la vie de Gourdin comme dans notre histoire nationale, et l'interruption du volume, commencé dans des années de calme et d'espérance, ne se conçoit que trop, lorsqu'on songe aux changements profonds qui eurent lieu alors dans les habitudes de l'auteur et peut-être aussi dans ses convictions. Je me renfermerai moi-même dans cette période et j'éviterai par là de rappeler des souvenirs regrettables qui se trouvent en désaccord avec la première et la dernière partie de la longue carrière de Gourdin.

Ses dissertations, transcrites, dans le volume dont j'ai donné la description, suivant l'ordre des années où elles furent composées, peuvent être rangées sous les titres suivants :

Littérature, — Archéologie, — Histoire naturelle, Sciences morales et politiques, — Sciences naturelles.

1° LITTÉRATURE. — 1771. *Discours sur cette question : Déterminer dans les principes du goût ce qui appartient à la nature et ce qui appartient à l'opinion, pour en conclure jusqu'à quel point un homme de génie doit s'accommoder au goût de son siècle et de sa nation.* — 1779. *Ré-*

flexions sur le caractère distinctif des productions du génie. — 1780. *Discours sur la réputation.* — 1785. *Rapport des commissaires nommés par l'Académie de Rouen pour l'examen des mémoires envoyés au concours sur les moyens de porter l'Encyclopédie à son plus haut point de perfection.*

2° Archéologie. — 24 *mai* 1780. *Nouvelle explication de ce passage de l'Art poétique d'Horace :*

Vers 102 : *Tibia, non ut nunc orichalco vincta, tubæque Æmula.*

1785. *Dissertation sur les figures appelées Panthéons dans laquelle on examine si les lares proprement dits peuvent être mis au rang des idoles Panthées.* Cette dissertation fut rédigée à l'occasion de deux petites figures panthées présentées par M. le Président de Saint-Victor, et pour combattre l'opinion émise par ce dernier que c'étaient des lares. Elle fut traduite en anglais et insérée dans le tome VIII de *l'Archæologia* de la Société des Antiquaires de Londres. — *Dissertation sur les médailles satyriques*, traduite en anglais et imprimée au tome IX du même recueil. — 1787. *Observations sur un grand nombre de médailles de* Licinius le jeune. Ce mémoire n'est qu'indiqué.

3° Histoire littéraire. — 24 novembre, 15 décembre 1784. *Discours sur la naissance, les progrès et les révolutions des sciences, des lettres et des arts dans la province de Picardie jusqu'au XVIe siècle inclusivement.* Ce discours n'est qu'indiqué. Gourdin ne l'a point transcrit parce qu'il devait être à la tête de son histoire littéraire de la Picardie. — 1786. *Éloge de Gresset.* C'est un chapitre détaché de son histoire littéraire de la Picardie. Un grand nombre des notices qui devaient entrer dans la composition de cet important ouvrage se trouvent entre les mains de M. Picard. Je ne relèverai dans l'éloge de Gresset que ce qui a trait à notre pays. L'auteur de *Vert-Vert* était professeur au collège de Rouen, et appartenait à la compagnie des Jésuites, quand il composa ce badinage. « On prétend, dit Gourdin, que l'idée de cette pièce était due à une dame de Rouen. Ce qu'il y a de vrai, c'est que c'est un chapelain de cette ville nommé Bellamy qui l'a fait imprimer à l'insçu de l'auteur, comme il s'en plaint lui-même. »

4° Sciences morales et politiques. — 5 avril 1780 *Discours sur l'éducation des enfans des artisans et de ceux de la campagne.* — 1781. *Discours sur les mœurs considérées relativement à l'État.* — 1784. *Quelle utilité résulterait pour l'État si l'on permettait à la noblesse de commercer?*

5° Sciences naturelles. — 1777. *Sur la scintillation des étoiles fixes.* — 1778. *Observations sur la nature du fluide nerveux.* — 1783. *Des gouttières de fer blanc : Peuvent-elles servir avantageusement de base ou de support aux paratonnerres?* Imprimé par les soins de M. Topin, notaire à Ham, dans le journal encyclopédique de février 1784; T. I, p. 531, sans nom d'auteur. — 1784. *Projet d'une machine aérostatique qui paraît susceptible d'être dirigée.* — 1786. *Notice historique et critique des différentes explications que l'on a données de la grandeur apparente de l'horizon.* — *Compte rendu sur les mémoires qui ont concouru pour le grand prix des sciences.* — 1786-1787. *Nouvelles expériences d'optique.* — *Observations sur quelques phénomènes de l'aiguille aimantée.*

Ces mémoires ne manquent certainement pas d'intérêt, mais comme ils ont été publiés soit *in extensó*, soit par extraits, et qu'on peut se rendre compte de leur objet en parcourant les cinq volumes de l'histoire de l'Académie composés par M. Gosseaume, il suffira de les avoir indiqués. Les notes et les observations mises en regard sur le verso des feuillets constituent, à mon point de vue, le principal, le véritable intérêt du manuscrit qui m'a été confié. C'est là le côté anecdotique et, pour ainsi dire, confidentiel du volume, et c'est de celui-là que je veux spécialement m'occuper, persuadé que si, contre mon intention, je commettais quelque indiscrétion, votre bienveillance couvrirait ma faute.

Gourdin était professeur de rhétorique à Beaumont-en-Auge, collège très florissant, grâce à l'habile direction des Bénédictins et à la protection du duc d'Orléans, lorsqu'il entra en relations avec quelques membres de l'Académie de Rouen, et devint, presque en même temps, lauréat et associé de cette Compagnie. Son discours couronné le 7 août 1771, est celui que nous avons indiqué en tête de la liste qui précède. Il en fut rendu compte en ces termes, à la séance solennelle de l'Académie : « L'auteur est Dom Fr. Philippe Gourdin, religieux bénédictin à Beaumont-en-Auge. Ce nom est connu par différents ouvrages dont nous avons parlé, et l'Académie l'a reçu associé-adjoint le mois de juin dernier. Nous devons prévenir le public, à cette occasion, que le mémoire, dont nous ignorions l'auteur, nous est parvenu avant que D. Gourdin ait été admis comme associé-adjoint. »

A ce propos, Gourdin raconte, ainsi qu'il suit, les circonstances de sa réception à l'Académie : « M. Wauzaine, contrôleur des actes à Beaumont-en-Auge, m'ayant prêté le *Mercure* vers la mi-avril, j'y trouvai le programme de l'Académie de Rouen. Je résolus de me présenter au concours, quoiqu'il ne fût ouvert que jusqu'au 1er juin suivant. La lecture de l'*Essai sur le Beau* du P. André, Jésuite, professeur de mathématiques à Caen, m'avait donné l'idée de travailler sur le goût, de sorte que j'avais, depuis plusieurs années, ébauché toute la partie métaphysique de ma dissertation. Je me mis donc à travailler, et j'affectai de choisir pour exemples les plus beaux morceaux, ou de l'antique ou des peintres et des sculpteurs les plus célèbres. Ce petit stratagème manqua de réussir; les concurrents n'avaient pas si bien traité la partie métaphysique et le choix des exemples fit croire que la dissertation étoit d'un artiste. Le prix m'aloit être décerné. Malheureusement quelqu'un connut mon écriture et le prix fut remis.

« A mon passage par Rouen, au mois d'août, M. David, chez qui je fus dîner, me dit cette petite anecdote et m'exhorta à retoucher mon discours.

« De retour à Beaumont, au mois d'octobre, je rassemblai tout ce que je pus trouver sur le goût; je cherchai à refondre, et je ne fis qu'alonger la seconde partie. Cependant, j'obtins la couronne, grâce à la partie métaphysique, c'est-à-dire aux idées que j'avois eues cinq ou six ans avant.

« Au reste, cette production est faiblement écrite.

« Dans le courant de juin 1770, je fus reçu à l'Académie, sans m'en douter et sans l'avoir demandé. En 1769, j'avois envoyé à M. David deux épitres en vers: l'une sur le bonheur, l'autre sur le feu élémentaire. Il les avoit, à mon insçu, présentées à l'Académie, et l'on en avoit fait mention à la séance publique de 1769. Cela me détermina à adresser à cette Compagnie une dissertation sur le bonheur, dont la partie métaphysique fit sensation. Je n'ai point transcrit ici cette dissertation qui a un grand besoin d'être retouchée et que je refondrai peut-être quelque jour.

« La lecture de La Bruyère et des fausses lettres de Ninon de Lenclos m'avaient fait produire, en 1766, un petit écrit moral intitulé : l'*Homme sociable, ou Réflexions sur l'esprit de société*, imprimé en 1767. Il y a dans cet écrit de cinquante pages de ces idées brillantes que l'on n'a que dans la jeunesse ; mais on s'apperçoit souvent qu'elles sont le fruit d'une imagination peu réglée. Les Chartreux de Noyon lurent cette petite brochure et furent très scandalisés. Ce qu'il y a de singulier, c'est que M. Beaucousin pensa comme eux et m'en fit de vifs reproches. (Il est vrai que j'ai trouvé que souvent mon cher et digne ami ne juge pas toujours par lui-même.) Mais M. de Broglie, évêque de Noyon, l'ayant fait emprunter à mon père, dit qu'il le gardoit. Ce suffrage me consola un peu.

« M. Lecat, mon compatriote, dont j'avois fait la connaissance et qui me traitoit en écolier qu'il aimoit, m'écrivoit de temps en temps de me livrer à l'étude de la physique et de l'histoire naturelle. Mais je n'avois de ma vie vu que les expériences du vuide, et je n'avois que quelques ouvrages de Descartes. Je me mis à les lire. Mon cours d'études fini, en 1767, je fus envoié à l'abbaie de Saint-Georges, où je trouvai quelques anciens journaux et l'Encyclopédie. Je me mis à recueillir tout ce qui me parut relatif à un système de physique appuyé sur l'électricité ou à l'électricité appliquée aux trois règnes. De tous mes extraits assez décharnés je fis une dissertation fort sèche. La fantaisie me prit, dans la suite, d'y répandre quelques fleurs, et je fis imprimer ce médiocre ouvrage sous le titre de : *Nos Après-dinées à la campagne*. Ce titre fit croire que c'étoit un roman, et l'ouvrage (rempli de fautes d'impression) s'est débité.

« Les lettres qui terminent cet ouvrage ont de la gaieté. Si j'avois été plus instruit en physique, peut-être la tournure, quelquefois originale qui y règne, lui auroit-elle fait faire quelque fortune.

« Une observation que personne n'avoit faite avant moi et que j'en ai retranchée mal à propos, c'est l'électricité de la torpile (1).

« Les *Après-dinées* ont été imprimées en 1772.

« L'année suivante, ayant rassemblé pour mes écoliers des morceaux choisis des poëtes allemands, on imprima ce recueil à Lisieux, et j'y joignis quelques pièces de vers. »

Entré à l'Académie, Gourdin s'y lia tout particulièrement avec M. Descamps, fondateur de l'Ecole de dessin, et par là l'un des bienfaiteurs de ce pays, et avec M. Haillet de Couronne, esprit très cultivé, appliqué à tous les genres d'études, grand amateur de livres, et qui certainement, s'il avait pu coordonner les immenses matériaux qu'il avait amassés, se serait fait un nom comme bibliographe. Gourdin mit plus d'une fois la science de ce dernier à contribution. Il le consultait même volontiers sur ses compositions littéraires et ne manquait jamais de déférer avec modestie à son avis. Ayant lu, le 17 novembre 1779, ses *Réflexions sur le*

(1) Je suis porté à attribuer à Gourdin un article inséré dans le *Journal de Normandie*, 1787. p. 263 : « *Expérience faite récemment à Londres;*

caractère distinctif des productions du génie, il n'obtint qu'à demi l'approbation de ses confrères. M. de Couronne, seul, parut y prêter quelque attention. Gourdin l'avoue avec ingénuité et sans la moindre aigreur : « Quand j'ai lu, dit-il, ces réflexions à l'Académie, personne peut-être n'a été de mon sentiment. Je choquois, en effet, les idées reçues. Cependant, M. de Couronne les ayant relues en particulier, me manda que cette lecture l'avoit fait rêver ; ce qui me donne occasion de lui écrire la lettre suivante. »

Suit cette lettre, dans laquelle Gourdin développe ces deux propositions : « Le génie est le jugement et l'imagination portés au plus haut degré de perfection et dans un équilibre absolument parfait ; le caractère distinctif des productions du génie est de produire un ravissement tranquille. » Il combat cette assertion de l'Encyclopédie : « Les règles et les loix du goût donnent des entraves au génie ; il les brise pour voler au sublime, au pathétique, au grand... Les productions du génie doivent quelquefois être négligées et avoir l'air irrégulier, escarpé, sauvage... Dans les arts, son caractère est la force et l'abondance, je ne sais quelle rudesse, l'irrégularité, le sublime, le pathétique... Enfin le génie ne plaît pas sans étonner, et il étonne encore dans ses fautes (1) ».

En 1783, M. Romans de Coppier, membre de l'Académie, la pria d'accepter une somme de 300 livres pour un prix extraordinaire à décerner, en 1784, à celui

(1) « Je n'ai communiqué ces réflexions à aucune autre compagnie qu'à l'Académie de Rouen, parce que je ne veux choquer les idées de personne : je suis cependant persuadé que ma définition est juste. » (Note de Gourdin.)

qui indiquerait les moyens de porter l'Encyclopédie au plus haut degré de perfection.

Ce prix fut annoncé à la séance solennelle du mois d'août de cette année Il y eut plusieurs concurrents. Le lauréat fut M. Marcel de Cetray, avocat au Parlement de Bretagne, demeurant à Nantes. Gourdin fut chargé du rapport, et il y exprima, comme rapporteur, une opinion qui n'était pas la sienne. Il s'en explique clairement dans les notes jointes à son rapport :

« M. Bayeux étoit commissaire avec moi, et j'ai cédé, malgré moi, à son jugement dans ce rapport, en faveur du n° 3, bien fait d'ailleurs. Mais il me semble qu'on ne demandait pas qu'on réformât des articles, et ces articles regardent la jurisprudence et la géographie bretonne, d'où il étoit aisé de conclure que l'auteur étoit un avocat de Bretagne.

« Le mémoire n° 4 était, je crois, de M. Marat (1). Du moins, il m'en a parlé, en passant par Paris, comme un homme qui y mettoit un bien vif intérêt. Il prétendoit que l'Académie ne pouvoit avoir eu rien de mieux, ni même qui en approchât. Il voulait qu'on annonçât au public que ce mémoire auroit été couronné, si la

(1) Voici l'appréciation du mémoire attribué à Marat, telle qu'elle est consignée dans le rapport lu à la séance solennelle du mois d'août 1784 :

« Le mémoire n° 4, folio de 30 pages, n'offre point de projet aussi vaste que les deux précédents. Écrit d'un style chaud, fort et nerveux, les idées s'y développent, s'y succèdent avec rapidité. Le plan en est simple et bien conçu. L'auteur, après avoir examiné en critique sévère les deux méthodes adoptées jusqu'aujourd'hui, en propose une troisième.

Il la réduit à ces trois chefs :

1° Borner l'Encyclopédie à la partie philosophique des belles-

Compagnie n'y avoit point trouvé quelques propositions un peu trop hardies. En effet, il y en avoit plus d'une, et surtout dans les critiques un ton de jactance et de dureté insupportable. Malgré ce défaut, ce mémoire étoit d'un homme de génie. »

De retour de Paris, où il avoit vu Marat, Gourdin s'était empressé d'écrire à M. Haillet de Couronne en faveur du n° 4.

« Me voilà de retour, Monsieur et cher collègue, et en bonne santé. Des personnes que j'ai vu à Paris et qui prennent le plus vif intérêt au mémoire n° 4, qui a eu l'accessit, désireroient que l'on mît dans le rapport que : « Ce mémoire a particulièrement fixé l'attention de l'Académie, tant par le fond des idées et les vues philosophiques que par la pureté du style. Mais en même temps il contient plusieurs passages que la Compagnie ne peut avouer et qui sont trop intimement liés au sujet pour en être retranchés ; en conséquence, elle n'a pas cru devoir décerner la couronne à l'auteur ; mais en lui accordant l'accessit, elle pense lui témoigner publiquement l'estime qu'elle fait d'ailleurs de cet excellent mémoire. »

lettres, à des abrégés d'histoire, à la description des métiers et à des traités élémentaires sur chaque science et sur chaque art, précédés de l'histoire de leur origine et de leurs progrès.

2° N'employer à sa rédaction que des hommes d'un talent supérieur, que des hommes de génie.

3° En faire une entreprise nationale dont la gloire du succès soit l'unique récompense des auteurs.

Le prix ne nous paraît devoir être disputé que par les mémoires n°s 3 et 4, et celui des deux auquel vous ne jugerez pas à propos de le décerner, est digne, Messieurs, que vous en fassiez une mention des plus honorables. »

« Vous sçavez que mon avis étoit de couronner ce mémoire, folio, qui vraiment remplit seul l'objet de la question. Celui qui a été couronné est sûrement rempli de bonnes et excellentes choses; mais si l'auteur le fait paraître, il essuîra de rudes critiques, et l'Académie pourroit être compromise, ce qu'on évitera par la petite addition cy-dessus. Mandez moi tout de suite ce que vous en pensez. »

« Reçue lundi 17 octobre 1785. »

En ouvrant le billet joint au mémoire n° 4, on avait trouvé ce nom : *Dr Tomacereau*, *à Versailles*. C'était évidemment un pseudonyme. En consultant l'*Almanach de Versailles*, on ne rencontre pas de docteur de ce nom. Nous verrons que Marat, en homme très soigneux de sa réputation, s'y prenait d'ordinaire de manière à éviter l'humiliation d'un échec, sans courir le risque de perdre le bénéfice d'un succès.

C'était à M. David, médecin des hôpitaux, gendre du celèbre Lecat, que Gourdin devait son entrée à l'Académie. L'un et l'autre s'étaient vivement intéressés à lui et lui avaient inspiré, lui-même nous l'apprend, un goût décidé pour l'étude des sciences naturelles et surtout de la physique. Son mémoire sur la *Scintillation des étoiles fixes* fut composé à l'intention de M. David. Les observations dont il est accompagné contiennent de curieux détails sur la vie de ce savant médecin.

« Cette conjecture a été imprimée en forme de lettre adressée à M. Coultant, ancien professeur de physique à Turin : on n'en a tiré que quarante exemplaires que j'ai distribués à mes amis.

« J'ai pris ce parti, parce que plusieurs personnes

m'avoient demandé communication de mon manuscrit et que je ne voulois point qu'on fît insérer cette observation dans les journaux où il en avoit été fait mention dans le compte que l'on rendoit des travaux de l'Académie de Rouen.

« M. Coultant est un nom supposé qu'avoit pris M. David, chirurgien en chef de l'Hôtel-Dieu de Rouen, mon ami, en faisant insérer dans le *Journal des Beaux-Arts* le rapport de quelques expériences qu'il supposoit avoir été faites dans les Alpes. Ces résultats n'étoient réellement point le fruit d'aucune expérience, mais de ses méditations. Il voulait, par cette petite supercherie, exciter MM. de l'Académie des Sciences à faire des expériences. Comme le résultat eut été contraire (au moins étoit-il annoncé ainsi) aux observations de quelques-uns d'entre eux, ces Messieurs se sont fait informer s'il existoit vraiment, auprès de Sion, un ancien professeur de Turin, et ne l'ayant point trouvé, ils ont rejetté les expériences. Malgré cela elles ont fait bruit, et le P. Bertier, de l'Oratoire, en a inséré les détails dans sa physique.

« M. David me disoit souvent : Si j'étois professeur de physique, je renverserois bien des hypothèses parce que j'aurois des disciples qui propageroient ma doctrine.

« Il est étonnant combien il avoit le coup d'œil juste, quoique tous ceux dont il combattoit les avis trouvassent qu'il raisonnoit faux parce qu'il ne voyoit pas comme eux. Quand on apporta à l'Académie le dessin des cones que l'on devoit élever à Cherbourg, il soutint seul à toute l'assemblée que cela ne réussiroit pas. L'événement a déjà prouvé qu'il voyoit mieux que toute la France et même que tous les gens du métier.

« Il avoit un talent décidé pour la mécanique. Il a inventé une machine pour scier les pilotis dans l'eau. Elle a été exécutée en Prusse. Il en avait fait une autre pour les battre par quatre moutons dont deux tomboient tandis que les deux autres se levoient.. Deux chevaux faisoient marcher toute cette machine.

« Dans le temps du siége de Gibraltar, il a prédit que M. d'Apchon, auteur de canonnières, ne réussiroit point Cela lui a donné occasion d'imaginer une chaloupe incombustible. Il en a envoyé le plan au ministre dont il a reçu une réponse fort satisfaisante que j'ai vue. Il a dû communiquer au même ministre le dessin d'un affût tournant et le moyen de tirer la nuit et de pointer le canon pourvu que de jour on ait sçu la position de l'objet. Il ne m'a point dit quel étoit ce dernier moyen. Mais quant à la chaloupe incombustible, son secret étoit d'insérer une chaloupe plus petite dans une plus grande, de remplir l'entre-deux de bourre mouillée, d'en couvrir le magasin à poudre, etc... Il avoit fait exécuter une chaloupe et démontroit qu'à peine un homme pouvoit y périr, quelque feu que fissent les ennemis ou pour brûler cette chaloupe ou pour la faire couler bas. Il conseilloit aussi pour les siéges d'avoir des sacs remplis de bourre avec lesquels on pouvoit en quelques minutes former un parapet pour placer une batterie.

« On doit à M David l'opération de la nécrose. Il étoit si habile dans son art que M. Loder, démonstrateur en chirurgie de l'Université d'Iéna, revenant d'Angleterre, a passé plus de six semaines à prendre de ses leçons et que, de retour, il en a fait un si bel éloge, au prince dont il est le chirurgien, que ce prince a envoyé à M. David une boîte d'or avec son portrait.

« Il est mort à quarante-sept ans. A peine, à l'Académie (1), M. Dambourney en a-t-il fait un court éloge. Sa franchise lui avoit fait des ennemis. Il avoit donné dans des travers. La plus grande faute qu'il ait faite a été, ayant alors six enfants, de faire commerce. Le premier hiver, il a gagné 30,000 francs. Ce fut son malheur. Il voulut trop embrasser. La paix est venue détruire toutes ses spéculations. Il est mort sans laisser aucun bien à ses enfants. Des circonstances domestiques ont contribué à déranger les mœurs et la conduite de cet homme le plus habile qu'il y ait eu à Rouen depuis longtemps. Il avoit d'excellentes qualités de cœur. J'ai fait son éloge qui a dû être inséré dans le *Journal de Leipsic.* »

A la suite de ces notes, qui concernent un des savants qui aient le plus honoré l'Académie, je citerai celles qui sont relatives au mesmérisme ; elles sont jointes aux *Observations* de Gourdin *sur quelques phénomènes de l'aiguille aimantée.*

« La lecture de ces observations à l'Académie de Rouen n'y a pas fait grande sensation, parce que, m'a-t-on dit, elles n'avoient rien de neuf. Cela est vrai.... N'étant point de la Société qui s'est établie à Rouen, je n'ai pu suivre ni approfondir les opérations des magnétisans. Je n'y ai été que deux fois : j'y ai vu des

(1) On ne sauroit reprocher à l'Académie d'avoir manqué à la mémoire de David. En 1805, elle mit son éloge au concours. Le prix fut remporté par M. Godefroy.

choses étonnantes. Les opérateurs étoient de bonne foy; mais voyoient-ils les choses avec assez de sang-froid? Plusieurs ne désiroient-ils point y voir et y faire voir du merveilleux? Tous les apprêts sont très propres à monter l'imagination, surtout celle des femmes .. On doit avouer que de pareils traitements sont peu propres à conserver les mœurs. »

On peut se demander ce qu'allait faire un religieux à de semblables expériences, dont lui-même dénonce le côté scandaleux? L'étonnement n'est pas moindre quand on voit Gourdin et l'abbé Yart accepter de l'Académie la charge de mettre en ordre et de réviser les 206 lettres autographes de Voltaire à Cideville, dont Caron de Beaumarchais avait demandé la copie pour la grande édition des œuvres de ce célèbre écrivain, préparée par la Société typographique littéraire (1).

En 1778, Gourdin donna lecture de son mémoire sur la nature du fluide nerveux, dont la fin parut malsonnante à plusieurs. « L'électricité, disait-il, pourroit peut-être devenir comme la pierre de touche des tempéramens, et que sait-on si elle ne pourroit pas servir à distinguer l'homme de génie de l'homme inepte? J'ai entendu parler d'un valet qu'on n'avoit pu électriser, à ce que m'a assuré la dame (Mlle Beaucousin, depuis Mme Hallé), à laquelle il avoit appartenu, et ce valet étoit sans esprit. »

Là-dessus Gourdin se défend du reproche de matérialiste. « Je suis, dit-il, bien éloigné de l'être. J'en ai fait ma profession de foy dans un petit ouvrage in-

(1) Arch. de l'Académie. — Délibération du 18 août 1784.

titulé : *Considérations philosophiques sur l'action de l'orateur précédées de recherches sur la mémoire, imprimées à Caen en* 1775. »

D'après le conseil qu'il reçut de Descamps, Gourdin adressa son travail à l'Académie de Lyon, qui avait mis au concours des recherches sur le sujet qu'il avait traité. Il rappelle qu'il reçut de cette compagnie une lettre fort honnête. Mais ce qui le flatta davantage, ce fut d'être cité par Marat dans le mémoire de cet auteur, qui fut couronné à Rouen en 1785.

Ce nom, devenu depuis si tristement célèbre, avait été honorablement proclamé au sein de l'Académie dès 1783. A la séance solennelle de 1781, la Compagnie avait mis au concours cette question : « Jusqu'à quel point et à quelles conditions peut-on compter dans le traitement des maladies sur le magnétisme et sur l'électricité tant positive que négative? » Le prix devait être décerné au mois d'août 1782 ; mais sur la demande de quelques concurrents anonymes et eu égard à l'importance du sujet, le concours fut prorogé jusqu'au 1er juin 1783. Les commissaires étaient MM. Delaroche, David, Gosseaume, Scanegatty Le Pecq et Dambourney. Le mémoire couronné portait pour épigraphe ces deux vers d'Horace :

Est modus in rebus, sunt certi denique fines
Quos ultra citraque nequit consistere rectum.

(Satyr. 1a.)

Le billet cacheté ne contenait pas autre chose que ces deux vers transcrits de la main de l'auteur et ces mots : M... à Paris, ce 22 may 1783.

La lettre d'envoi, adressée à M. Dambourney, était ainsi conçue :

« Agréez, Monsieur, mes excuses de ce que le manuscrit que j'ai l'honneur de vous addresser contient quelques ratures. J'aurois eu soin de le faire mettre au net, si je ne touchois à la fin du terme ouvert pour le concours.

« Paris, ce 25 may 1783. »

Ce mémoire, où sont combattues les doctrines du mesmérisme, qui comptait dans l'Académie de Rouen un certain nombre d'adeptes, est encore intéressant à lire ; il est rédigé avec une pureté et surtout avec une clarté remarquable. L'écriture est correcte, élégante ; assurément, elle ne laisserait pas deviner la main qui depuis signa tant d'odieuses dénonciations.

M. Dambourney rendit compte en ces termes de ce mémoire à la séance solennelle de 1783 :

« Quoique l'auteur n'ait, pas plus que ses concurrents, offert de solution quant au magnétisme, il remplit les conditions exigées à l'égard des effets de l'électricité. Il désigne très précisément les maladies dans lesquelles on peut en espérer des secours et celles où on l'invoqueroit vainement ou même avec danger.

« En donnant le prix à ce mémoire, qui le mérite à tant de titres, l'Académie a regretté que l'auteur n'ait pas mis plus d'aménité dans les termes, en réfutant l'opinion d'un homme estimable, adopté par neuf compagnies savantes, qui presque toutes ont couronné ses efforts. Au surplus, les 300 l. et la médaille resteront aux mains de M. le trésorier jusqu'à ce qu'on ait satisfait aux formalités requises pour se faire connaitre » (1).

Le prix ayant été décerné à son mémoire, Marat écrivit la lettre suivante à M. Dambourney.

« Paris, ce 3 octobre 1783.

« Monsieur,

« Les raisons particulières qui m'engagent à garder l'*incognito* avec le public subsisteront jusqu'au moment où je metrai mon ouvrage sous presse. Mais plein de confiance dans l'Académie, je ne crains plus de déposer mon secret dans son sein et de réclamer la marque honorable de distinction qu'Elle a accordée à mon mémoire sur l'électricité médicale.

« Aux renseignements que j'ai eu l'honneur, Monsieur, de vous communiquer par la voie de M. le baron de Feldenfeld, mon respectable ami, j'ajouterai la copie de la lettre qui accompagnoit le mémoire

(1) Ce mémoire fut publié en 1784, à Paris, chez M. L. Sorry, sans nom d'auteur, sous ce titre : « Mémoire sur l'électricité médicale, couronné le 6 août 1783, par l'Académie des Sciences, Belles-Lettres et Arts de Rouen. »

Le jugement de l'Académie est rapporté dans l'*Avertissement* et combattu, en ce qu'il avait de défavorable à l'auteur, ainsi qu'il suit : « Après la lecture de cet article, craignant qu'il ne fût échappé à ma plume quelqu'expression que la bienséance réprouve, je relus mon mémoire avec soin et n'y trouvai pas un seul terme que doive s'interdire un auteur qui sçait se respecter. D'où j'inférai que l'*animadversion* de l'Académie était simplement un témoignage d'estime qu'elle croyait devoir à un de ses membres dont elle couronnait l'antagoniste.

« Malgré la considération que j'ai témoignée en différents endroits de mon mémoire pour ce vertueux académicien (l'abbé Berthelon), peut-être trouvera-t-on ma réfutation sévère. Je ne

et qui vous étoit adressée. Quoiqu'elle ait été écrite avec une plume mal taillée, si vous l'avés encore, vous y reconnoitrés mon écriture. Enfin, les cartons et la fin du mémoire sont de ma main, le reste est de celle de M. de Feldenfeld. En voilà, je pense, plus qu'il n'en faut pour démontrer que je suis l'auteur du mémoire couronné.

« Oserois-je, Monsieur, vous addresser une procuration pour l'envoy du prix. Si le régime de l'illustre corps dont vous êtes un des principaux ornemens ne vous permettoit pas de me rendre ce service, je vous demanderois la grâce de la passer au nom de quelque personne habile à me représenter et de m'expédier la médaille par la même voie dont je me sers pour vous faire parvenir ce paquet.

« Daignés, Monsieur, faire agréer à l'Académie l'homage de mes œuvres physiques. C'est une petite

m'en défends pas. C'eût été manquer de zèle pour l'humanité que de réfuter mollement un système qui, à la faveur des éloges peu réfléchis qu'on lui a prodigués, pouvait devenir dangereux.

« Au reste, l'auteur de ce système est trop jaloux de faire le bien pour ne pas applaudir lui-même à la manière dont j'ai combattu ses opinions. Elles m'avaient fourni matière à d'autres observations, mais qui ne tenoient pas étroitement à mon sujet : je les ai supprimées, et l'auteur doit m'en savoir quelque gré. »

Marat n'a point mis son nom en tête de cet ouvrage. Mais, d'une manière détournée, il sait bien en revendiquer la gloire. Il se cite ainsi à la page 47 : « Voyez mes recherches physiques sur l'électricité. Je cite souvent cet ouvrage, et cela n'est pas étonnant ; c'est le seul qui contienne la première théorie connue sur l'électricité, théorie déjà adoptée dans l'Europe entière par les meilleurs physiciens. »

offrande que je place par vos mains sur l'autel des sciences.

« J'ai l'honneur d'être avec les sentiments de la plus haute estime,

Monsieur,

Votre très humble et très obéissant serviteur,

« MARAT. »

Dambourney lui ayant mandé qu'il lui rendrait volontiers le service qu'il réclamait, le 24 octobre 1783, Marat lui adresse ses remercîments ; il lui fait hommage d'un exemplaire de ses œuvres physiques et le prie de lui marquer les frais de la copie de son mémoire. La réponse se fait attendre. Nouvelle lettre de Marat au même, 18 novembre 1783 : il réclame la médaille qui lui a été décernée ; le peu de temps qui lui reste jusqu'à son départ pour Londres, où il va faire une excursion, lui fait désirer l'expédition la plus prompte. En lui transmettant, à la date du 20 novembre, un mandat sur le caissier à la Monnaie pour retirer la médaille à l'effigie de Louis XVI aussitôt qu'elle aurait été frappée, M. Dambourney lui annonçait l'envoi de la copie du mémoire couronné. « Il ne sera point question des frais, lui disait-il, l'Académie ayant expressément arrêté qu'elle saisissoit cette occasion de vous exprimer sa sensibilité au beau présent dont vous avez enrichi sa bibliothèque (1). Cette

(1) Délib. du 12. Nov. 1783, rédigée par Haillet de Couronne : « Ce sont 3 volumes in-8° reliés en maroquin doré sur tranche et ornés des armes de l'Académie. L'un est intitulé : « Recherches

dérogation à ses statuts est consignée sur ses registres comme un monument honorable du prix qu'elle met à votre générosité, et elle m'a chargé de vous en informer positivement. »

De ce moment datent les relations de Gourdin avec Marat. Il alla le voir à Paris en 1785, et nous avons fait connaître les précautions qu'il conseilla d'adopter pour rendre plus supportable à cet homme irritable le désagrément d'un demi échec. Il fit plus, il fonda à l'Académie de Rouen un prix, afin de lui donner occasion de développer son système contre l'optique de Newton et se rangea ouvertement au nombre de ses partisans et de ses disciples.

Le sujet proposé était celui-ci : « Déterminer les vraies causes des couleurs que présentent les lames de verre, les bulles de savon et autres matières diaphanes extrêmement minces. Par l'exposé de son programme, l'Académie faisait entendre que cette question en embrassait deux autres : celle de la différente réfrangibilité des rayons hétérogènes et celle des accès de facile transmission et de facile réflexion. »

Le prix fut décerné à Marat, auteur du mémoire n° 4. Gourdin, chargé du rapport avec MM. Ligot et Scanegatty en rendit compte en ces termes :

« Le mémoire n° 4 est le seul qui mérite votre attention. L'auteur procède avec ordre, il examine, l'une après l'autre, toutes les questions du programme. Il est vrai que sa théorie est absolument opposée à celle de

physiques sur l'Electricité »; le second : « Recherches physiques sur le feu »; le troisième : « Découvertes sur la lumière. » — Ils font actuellement partie de la Bibliothèque de la ville.

Newton et que cette théorie n'est point encore portée jusqu'à l'évidence; mais elle semble appuyée sur des faits nombreux et variés; les expériences que nous avons vérifiées, qui ont toujours donné le résultat annoncé par l'auteur, sont au nombre de 32. Sans doute, cette théorie, qui n'est point aussi nouvelle qu'elle le paroît, puisqu'on en trouve le fondement dans le père Kirker, puisqu'elle a été admise par Hart Socker, du Fay, le P. Castel et même en partie par M. de Buffon, sans doute, cette théorie peut essuyer des contradictions, on pourra faire contre elle des objections. Mais quelle est la théorie inventée par des hommes qui soit d'une vérité mathématique? De plus, une académie en couronnant un bon ouvrage d'ailleurs, n'est point obligée d'adopter ni de répondre des opinions de l'auteur.

« Mais si la révolution qui semble se préparer dans la science de l'optique s'achève, si une doctrine nouvelle remplace celle de Newton, jusqu'à ce que des faits nouveaux, des découvertes plus convaincantes en amènent peut-être encore une plus satisfaisante et plus parfaite, il sera glorieux, je pense, Messieurs, que ce soit dans le sein de l'Académie de Rouen que l'on ait couronné les efforts de quiconque aura contribué à opérer cette révolution plus importante qu'on ne croit pour la perfection de la dioptrique et de la catoptrique. »

Quand l'ouvrage parut, Marat pria Gourdin de le faire annoncer dans le *Journal de Normandie*. Il le fit dans une lettre insérée au nº 11 de l'année 1788.

« M., vous avez vu, comme moi, dans le cabinet d'une personne de cette ville les expériences d'optique dans la chambre obscure d'après les principes de M. Marat. Vous devez vous rappeler que nous avons été enchantés de ces expériences charmantes Pour moi, cependant, je vous l'avoue, je n'y voyois qu'un amusement intéressant à la vérité, mais enfin un amusement. Plusieurs étoient de mon avis, mais nous n'étions point physiciens. J'entendis répéter la même chose à Paris, même par des professeurs. Ils ne pouvaient croire que la lumière se décomposât en passant contre les corps solides, contre les parois, par exemple, de l'ouverture par laquelle on introduit le rayon solaire. Ils se trompoient. Mais cette doctrine étoit absolument contraire à celle de la différente réfrangibilité des rayons hétérogènes, ainsi qu'à celle de facile réflexion et de facile transmission adoptée par le fameux Newton, appuyée sur les calculs d'une géométrie étonnante. Il n'est donc point surprenant que cette nouvelle doctrine fût ou négligée par ceux qui ne vouloient pas l'approfondir ou calomniée par ceux qui craignoient qu'elle ne fît des progrès. C'est à cette dernière raison, sans doute, qu'il faut attribuer le peu de succès qu'a eu dans les écoles le recueil d'expériences sur la lumière faites par M. Marat en présence des commissaires de l'Académie des Sciences et publiées en 1779. Cet observateur, courageux et infatigable, continua ses recherches et, persuadé qu'il avait trouvé la vérité, il eut recours au zèle de ses amis pour faire proposer par trois compagnies savantes des problèmes relatifs à sa doctrine. Il regardoit sans doute ce moyen comme le plus propre à la faire triompher. Mais le succès n'a point couronné partout ses efforts; l'Académie de cette ville lui a seule donné la couronne, et je puis dire, M., que je suis étonné que les autres n'ayent point fait de même, d'autant plus qu'il est reçu que, pour couronner un auteur, on n'admet pas toujours son système.

« Il faut donc que les mémoires en faveur de la théorie Newtonienne, qui ont obtenu la palme, offrent des démonstrations bien victorieuses. Alors, pourquoi ces compagnies ne les rendent-elles pas publics? Je crois qu'elles ne peuvent plus s'en dispenser, aujourd'hui que M. Marat vient de publier le recueil de ses quatres mémoires in-8° chez Méquignon l'aîné. L'auteur, dans le premier, qui a pour devise : *Ex fumo dare lucem*, montre que les expériences sur lesquelles est fondée la doctrine de la différente réfrangibilité des rayons hétérogènes sont illusoires. Dans le second qui a pour épigraphe : *Multa paucis*, par une méthode, absolument neuve, il sappe les fondements de cette doctrine du célèbre philosophe anglais. Le troisième offre un examen critique de l'explication de l'arc-en-ciel par Newton. Le quatrième enfin, couronné à Rouen le 2 août 1786, donne les vraies causes des couleurs que présentent les lames de verre, les bulles de savon et autres matières diaphanes extrêmement minces. Les bornes d'une lettre ne permettent pas ici de donner l'extrait de ces importants mémoires, écrits avec ce style serré et tranchant qui caractérise celui d'un écrivain persuadé de la vérité de ce qu'il dit et ornés de planches colorées. Ces mémoires sont faits pour être recherchés par quiconque aime la physique et s'intéresse aux progrès des connaissances humaines. Lus sans prévention, j'ose dire qu'ils porteront dans tous les esprits la lumière de la conviction et que, sans cesser d'admirer le génie sublime du philosophe anglais, on abandonnera son optique pour adopter celle du physicien français. »

Le mémoire couronné à la séance solennelle du mois d'août 1786, avait pour épigraphe : *Nugæ seria docent ;* pour nom d'auteur : « M. de Longchamp, avocat au Parlement, Fontainebleau..... » Le billet portait : » Si « ce mémoire est jugé digne de la couronne, je supplie « que la médaille soit remise au généreux académicien « qui a fait les fonds du prix. »

Ces fonds faits par Gourdin, qui n'avait point voulu se faire connaître, servirent à un nouveau prix de physique (1) qui fut décerné au mémoire sur la chaleur latente du chevalier de Soyecourt, d'Amiens, le 1er août 1787. Il portait pour épigraphe : *Grata vice veri.*

Gourdin nous apprenant que ce prix fut encore remporté par Marat (2), il y aurait lieu, si l'on s'en rapportait à ce témoignage, de penser que le chevalier de Soyecourt était un autre prête-nom, auquel Marat aurait eu recours, par suite de cette défiance naturelle qui lui faisait chercher le mystère. L'Académie n'aurait pas tardé à être mise dans le secret, et elle s'applaudit d'avoir eu la bonne fortune de compter parmi ses lauréats un

(1) 1er août 1785. « La Compagnie a proposé pour sujet de prix en 1786 : « Déterminer les vraies causes des couleurs que présentent les lames de verre.... Le fond en sera fait par un des membres de cette compagnie, mais qui a désiré n'être point connu. »

(2) Notes de Gourdin : « Allant à Paris, j'ai été voir M. Marat, avec qui j'ai toujours été lié depuis. C'est pour lui donner lieu de développer son système contre l'optique de Newton que j'ai fait les frais d'un prix extraordinaire en 1786. Il a eu encore ce prix, et ayant laissé l'argent, il a, en 1787, remporté un troisième prix sur la chaleur latente. »

physicien célèbre (1). Fier de ses relations avec un personnage de ce mérite, Gourdin se déclara ouvertement son partisan et fit des expériences publiques à l'appui de son système (2).

Qui eut dit que le médecin des gardes du corps de Monsieur, comte d'Artois, l'ami du baron de Feldenfeld, ce physicien distingué, auquel, comme dit un biographe, était assurément réservé un rang paisible et honorable parmi les savants, deviendrait le flatteur des plus basses passions populaires et laisserait, après des triomphes plus honteux encore que ses crimes, un nom qu'on ne prononce pas sans dégoût!

Déjà, cependant, il avait laissé deviner son orgueil et fait sentir à tous l'aigreur de son caractère rancuneux et emporté. Gourdin appréciant ses œuvres physiques, en 1788, écrivait: « Sa manière de procéder par les faits est sans contredit la meilleure. Mais le défaut de modération, en parlant des autres, et même de modestie, en parlant de lui-même, lui fait autant d'ennemis que la nouveauté de ses sistèmes qui contredisent ceux adoptés par les plus grands maîtres. »

Gourdin compléta ainsi cette note en 1789 :

« M. Marat, en 1789, a abandonné la physique pour se livrer à des écrits politiques ou plutôt à la composi-

(1) « 20 février 1788. M. de Couronne a remis de la part de M. Marat un volume de ses mémoires académiques ou nouvelles découvertes sur la lumière relatives aux points les plus importants de l'optique... Marat la prie d'agréer cet ouvrage dans lequel on trouve un mémoire couronné précédemment par cette Académie dans une de ses séances publiques » *Délibérations de l'Académie.*

(2) 5 février 1786 Gourdin annonce à l'Académie qu'il a fait différentes expériences d'optique en présence de M. le chevalier de la Maltière. *Ibidem.*

tion d'un journal intitulé l'*Ami du Peuple*. La devise de Jean-Jacques Rousseau : *Vitam impendere vero*, est digne de lui. Sa tête n'est peut-être point assez froide pour voir toujours la vérité. Mais je ne doute pas qu'il n'ait point la force et le courage de la dire, depuis qu'il a abandonné les sciences..... il a de la force et de l'énergie, et jamais les grands ne lui en ont imposé. » Plus tard Marat s'étant révélé dans son horreur, Gourdin modifia ce jugement favorable. En parlant de lui, il avait dit : « avec qui depuis j'ai toujours été lié. » Il remplaça ces mots par ceux-ci : « avec qui j'ai été depuis en correspondance. » Au lieu de : « la devise de Jean-Jacques Rousseau est digne de luy, » il mit : « sa devise est celle de Jean-Jacques Rousseau : *Vitam impendere vero* », et supprima le reste. Il ajouta : « C'étoit un très petit homme, fort mince, fort laid ; il avoit les yeux très petits, mais flamboyans ; il étoit lié avec le duc d'Orléans qu'il voyait souvent avant 1789. Le hazard le fit trouver sur le Pont-Neuf lorsque, le 12 juillet de cette mesme année, commença la révolution. Il saute du parapet à la bride du cheval de l'officier qui entroit dans Paris, s'écrie que l'on trahit la ville, passe la nuit à composer la première feuille de son journal, et publie qu'il a sauvé Paris. Le temps n'étoit point encore venu pour qu'un journal aussi incendiaire que le sién fût généralement reçu ; on le poursuivit, il fut obligé de se cacher, et même de s'enfuir. La section des Cordeliers le soutint. Il fut nommé à la Convention. Là, il se montra toujours comme un homme de sang qui ne respiroit que le pillage et l'assassinat. Une demoiselle de Caen nommée Charlotte Corday partit de chez elle dans le dessein de défaire la patrie de ce monstre. Elle entre chez lui, lui porte un coup mortel et s'assoie. Elle a été guillotinée, et le cadavre de Marat placé au Panthéon, son buste porté en triomphe dans toutes les villes. Le fanatisme, de quelque genre qu'il soit, fait toujours place à la raison. Marat fut chassé du Panthéon et voué à l'exécration de ses contemporains et des races futures.

« Depuis qu'il avoit été couronné à Rouen la dernière fois, je n'avois plus de relations avec lui. Dans un dîner qu'il m'avoit donné au Palais royal je me suis apperçu que c'étoit un homme sans mœurs. J'avois déjà éprouvé qu'il étoit sans délicatesse, puisqu'il m'avoit fait payer 80 l. une lunette de Dolon père qu'il ne m'a point envoyée; il est vrai qu'il m'en a dédomagé par un microscope, mais de bien moindre prix. On le disoit gènevois, mais il étoit franc-comtois, intrigant, jaloux du mérite des autres, se croyant seul un homme de génie. Il me disoit un jour en pleine rue que, dans toute l'Académie des Sciences, il n'y avoit pas un seul homme qui eût ses talens, qu'ayant demandé à cette compagnie des commissaires pour voir ses expériences il les avait mis hors de chez lui à coups de pied au c...

« Le duc d'Aranda, qui avoit vu à Paris les expériences de Marat, avoit voulu l'attirer en Espagne, dans le dessein de le mettre à la tête d'une académie et de l'éducation nationale. Marat eut la maladresse de demander à n'être point soumis à l'Inquisition Les savants, qui ne l'estimoient point, le peignirent comme un homme sans foy, sans mœurs et sans principe, et ses grandes idées de fortune, dont il nourrissoit ses espérances et sa vanité, s'évanouirent. »

L'Académie comptait parmi ses associés-adjoints

le physicien Pilatre du Rozier, homme intrépide, protégé de même que Marat par Monsieur, depuis Louis XVIII. Il se passionna pour la découverte des frères Montgolfier et périt par l'incendie de son ballon en voulant traverser la Manche, de Boulogne en Angleterre. L'acide vitriolique qui servit à cette funeste expérience fut acheté à Déville et ne put être payé. Gourdin, au courant de toutes les découvertes nouvelles, ne pouvait rester indifférent à celle des aérostats. A la séance publique de 1784, il donna lecture d'un mémoire intitulé : « Projet d'une machine aérostatique qui paroit susceptible d'être dirigée. » Il l'a inséré parmi ses dissertations, en ajoutant en note :

« Le Dr Franklin disoit de cette invention que c'étoit un enfant qui pouvait bien ou mal tourner et sur le sort duquel on ne pouvoit prononcer. Franklin avoit raison. Peut-être, dans quelques siècles, y reviendra-t-on avec quelque succès. Un des moyens, selon moi, d'y parvenir ne seroit point de s'élever aussi haut que l'on fait. Si les premiers qui ont tenté de voguer dans un canot avoient eu la sotte et imprudente présomption de gagner la haute mer sans boussole et sans gouvernail, ils eussent péri, à moins qu'un coup de vent ne les eut jetés sur le bord, et l'on auroit conclu que cette invention étoit belle mais inutile. Qu'ont fait les premiers nautonniers, que font encore les sauvages qui s'embarquent dans un arbre creusé en forme de canot? Ils cotoient le bord des isles ou des rivières et suivent le cours des fleuves. Voilà ce qu'il faudroit faire avec les aérostats, voguer, pour ainsi dire, terre à terre et suivre la direction du vent. C'est ainsi que Blanchard a passé le détroit de Calais.

« Que sçait-on si, dans un temps absolument calme, on ne pourroit pas, après une ascension de 4 à 500 toises, rester en station et alors faire, sans risque, des observations météorologiques avec plus d'exactitude que sur les plus hautes montagnes.

« En s'élevant trop haut, on risque de trouver des courans d'air qui portent le voyageur d'un côté opposé à la première direction. C'est à peu près ce qui est arrivé à Blanchard lorsqu'il a fait à Rouen son second voyage aérien.

« Une personne de Rouen, dans le temps de ce second voyage, adressa à l'Académie de cette ville une carte aérienne dans le goût des cartes marines. C'est une idée fort ingénieuse, mais dépourvue de réalité. »

Cette personne, que Gourdin ne nomme pas, était M. Louis E. Pouchet. Le 1er décembre 1784, M. Dambourney présenta, de sa part, à l'Académie un mémoire sur l'art de diriger les ballons aérostatiques. L'auteur y avait joint une « carte aérienne avec les principes de la direction des ballons. » — Le 26 janvier 1785, sur le rapport de Dulague, professeur d'hydrographie au collége de Rouen, l'Académie vota des éloges et des remerciements à M. Pouchet, en déclarant, toutefois, qu'elle ne pouvait garantir les succès que l'auteur promettait.

Par toutes les citations qui précèdent, on voit jusqu'à quel point Gourdin et l'Académie de Rouen prirent intérêt aux découvertes scientifiques qui marquèrent la fin du dernier siècle : l'électricité, les aérostats semblaient ouvrir une voie nouvelle et donnaient naissance aux espérances les plus brillantes et les plus chimériques.

Ce progrès, qui s'accomplissait dans les sciences, on le poursuivait avec la même ardeur dans l'administration, dans la politique. Un besoin d'innover, de réformer s'était emparé de tous les esprits. La solitude des cloîtres n'en préservait pas les religieux. On s'acheminait avec une parfaite sérénité vers une des plus sanglantes révolutions qui fût jamais.

Gourdin s'associait à ce mouvement, qui devait l'entraîner lui-même bien au-delà du but qu'il avait prévu.

En 1784, il lut un mémoire sur cette question : « Quelle utilité résulteroit-il pour l'État si l'on permettoit à la noblesse de commercer ? » Il émettait, après beaucoup d'autres, le vœu qu'on renonçât à une interdiction qui semblait contraire à l'intérêt général et au développement du commerce national.

« Le sujet de cette dissertation, dit-il, m'avoit été indiqué par la société littéraire qui s'étoit formée à Boulogne-sur-Mer et dont j'avois été reçu. Cette société, dont étaient plusieurs anglais, est tombée. Elle avoit pour secrétaire M. l'abbé Cléry, amateur d'antiquité et homme de mérite.

« Ce sujet, pour avoir un air neuf, devoit être pris comme j'ai cru devoir le faire. Ç'a été une raison pour que quelques membres de l'Académie ne fussent point d'avis que cette dissertation fût lue à la séance publique. L'avis opposé prévalut. J'en fis donc la lecture. Ce qu'il y a de singulier est qu'après la séance un officier du régiment de..., alors en garnison à Rouen, s'approcha de moi pour me faire compliment sur ce que j'avois bien raison de vouloir que la noblesse pût, sans déroger, embrasser le commerce, excepté celui de détail.

« Cette dissertation a été bien accueillie en Angleterre. »

A la séance de 1781, Gourdin avait lu son discours sur les mœurs considérées relativement à l'État. Comparant la république à la monarchie, il disait : « Dans une république chaque citoien a comme le droit de fixer l'équilibre. L'intérêt particulier y est toujours aux prises avec l'intérêt commun, et pour sçavoir combien celui-là l'emporte souvent, il suffit de connaître les hommes. Aussi le gouvernement républicain paroit-il le moins sûr et le moins durable. Quand on n'a pour chef que les lois, on peut les éluder, quelquefois on les méprise. Quand les lois sont assises sur le trône, elles cessent d'être muetes, on les respecte. L'homme n'est point né pour être absolument libre, ni pour être esclave. L'anarchie et la tyrannie n'ont point leur principe dans la nature. Si nous remontons à l'origine des choses, nous verrons que l'étendart de la liberté républicaine a toujours été planté avec le fer et arrosé de sang. L'abus du pouvoir dans les chefs, la révolte chez le peuple ont donné naissance aux républiques. Et si les lois y commandent, elles n'y doivent leur empire et leur force qu'à l'état d'épuisement auquel de longs et sanglans combats ont réduit et la tyrannie des grands et l'anarchie du peuple. Ce n'est point ainsi qu'est née la monarchie. Un père dont le throne est dans le cœur de ses enfants, voilà le premier roi. L'équité, la douceur, la vigilance sont ses ministres ; la sainteté de l'obéissance, la piété du respect, la tendre sollicitude de l'amour sont ses favoris ; sa garde, la crainte de lui déplaire. Telle est l'origine simple, mais sacrée, de la monarchie. »

Jugeant ce travail, à quelques années de là, en 1788, il répudiait les principes qui y sont développés. « Il y a, disait-il, des vérités dans ce discours; mais il y a peut-être plus de mensonges académiques ou de ces suppositions louangeuses que les circonstances seules peuvent faire pardonner.

« Par exemple : L'origine des républiques et de la royauté n'y sont pas exactes. Il est faux que le premier qui fût roi fût un père adoré, comme l'a dit l'abbé Auber. C'est la fausse parodie de ce vers de Voltaire : — Le premier qui fut Roi fut un soldat heureux. — Le gouvernement paternel est une belle chimère de l'âge d'or qu'il faut renvoyer au temps des patriarches et avant le déluge.

« Le gouvernement de la nature est la république, c'est à dire celui où tous les individus, parfaitement égaux et libres, influent chacun sur les lois qui les conduisent et sur leur exécution. Les sauvages, qui sont plus près de la nature (voici Gourdin gagné aux théories de Rousseau), se donnent un ou plusieurs chefs selon le besoin et les circonstances, mais son authorité n'est que temporaire et autant que la nation lui permet pour le bien commun de l'exercer.

« Il y auroit sur cet objet bien des observations à faire, et peut-être m'en occuperai-je quelque jour. Mais toute la vérité peut être pensée et n'est pas bonne à dire. »

De 1781 à 1788 quelle modification dans ses idées, et sans doute aussi dans celles d'un grand nombre de ses contemporains!

La question de l'instruction publique qui nous préoccupe si vivement aujourd'hui était une des plus débattues dans la seconde moitié du XVIIIe siècle.

Dans un mémoire de l'année 1766, intitulé : Est-il avantageux ou préjudiciable au bien de l'État que les gens de la campagne sachent lire et écrire ? mémoire imprimé au T. I du *Précis* analytique des travaux de l'Académie, M. Terrisse, vicaire général de Mgr de La Rochefoucauld, s'était attaché à démontrer que « loin d'être nuisible, l'instruction était avantageuse aux plus simples habitants des champs et qu'il était d'une bonne politique de leur procurer tous les moyens de s'instruire. » Quelques années après, un autre académicien entretenait la compagnie du système d'instruction qui convenait aux femmes. En 1780, Gourdin lut son discours sur l'éducation des enfants des artisans et de ceux de la campagne. Suivant lui, l'instruction devait être relative à la profession à laquelle la nature, la fortune et les circonstances déterminent l'enfant, et conséquemment n'être point la même à la ville et à la campagne. « Toute institution, disait-il, qui tend à porter dans la cabane du pauvre quelques rayons d'une lumière étrangère à sa condition, y fait briller le feu terrible de l'éclair qui rend les ténèbres et plus profondes et plus affreuses. L'instruction, au contraire, absolument relative aux professions pour lesquelles il est né, ressemble au rayon bienfaisant de l'astre du jour qui embellit, colore et vivifie les objets qu'il éclaire.

« Qui fournira, me demandera-t-on, aux appointements des maîtres et des maîtresses? Qui fera les frais des matières premières que doivent employer les filles dans leurs écoles?

« Dans chaque paroisse de ville et dans presque

toutes celles de la campagne on trouve de ces maîtres et de ces maîtresses ; ainsi l'établissement subsiste. Où il ne subsisteroit pas et où il paroîtroit nécessaire, on pourroit le créer par le moyen de la taxe modique que payeroient les enfans du laboureur et du bourgeois qui s'y rassemblent. Il n'y a que les enfants des pauvres qui doivent y être reçus gratuitement, et ce seront le curé, le marguillier et une troisième personne notable choisie dans une assemblée générale qui dresseront tous les six mois la liste des enfants qui ne devront point payer.

« Dans ces mêmes villes et dans toutes celles dans lesquelles il n'y a point de fabrique, dès qu'un enfant auroit fait choix d'une profession, il serait forcé pendant un an de se rendre deux fois la semaine aux écoles pour y lire les procédés particuliers du métier auquel il s'applique.

« Il seroit à souhaiter que les pasteurs rassemblassent au moins les jours de fêtes un certain nombre d'enfants par classes et à différentes heures et qu'au lieu de leur faire répéter ces réponses si souvent obscures à des demandes plus obscures encore, on leur donnât des leçons de mœurs et de vertus, qu'on leur fît faire un cours de morale pratique propre à former l'honnête homme et le bon citoyen. »

Gourdin, dans ce mémoire, critique le système suivi dans les colléges, qu'il trouve d'ailleurs trop nombrenx. Il s'élève contre les monopoleurs, contre le luxe, contre les travaux sédentaires des manufactures, et veut qu'on ferme les cabarets, que les hôtelleries soient exclusivement réservées aux étrangers.

En somme, il veut une réforme radicale, et il la veut

par voie de coaction, ainsi que la plupart des hommes de son époque, qui, attendant tout de l'État, ne faisaient qu'une faible part au temps et à l'initiative individuelle.

Ce mémoire, évidemment inspiré par celui de Caradeuc de la Chalotais, procureur général du Parlement de Bretagne, fut soumis, en 1787, à l'Assemblée provinciale de Rouen et obtint son approbation. Gourdin en reçut la lettre suivante, revêtue des signatures du comte de Caumont, du marquis de Mortemart, de l'abbé d'Osmond, de Dom de Lesnable, de L. Dambourney, etc. :

« Le Bureau du Bien public ne sçauroit trop apprécier, Monsieur, les citoiens zélés qui, comme vous, portent leurs vues sur les établissements qui peuvent être utiles à la société. Nous avons lu avec une satisfaction particulière le mémoire que vous avez bien voulu nous faire parvenir. Nous l'avons déposé dans nos archives comme un ouvrage propre à nous éclairer dans tous les temps. Nous vous prions, Monsieur, de vouloir bien mettre ce précieux ouvrage à sa perfection. Vos connoissances profondes ne nous laissent pas douter qu'il ne puisse servir d'instruction à l'administration du bien public. »

Ces idées de réforme s'étendirent bientôt à tout, à la religion aussi bien qu'à la politique, et comme il était aisé de le prévoir, la suppression des communautés religieuses fut décrétée. Celle de Saint-Ouen, qui remontait à la première race de nos rois, qui avait survécu à tant d'institutions, ne fut pas épargnée plus que les autres. Les 22 religieux profès qu'elle renfermait furent sécularisés, et ses revenus, évalués à

121,971 l., passèrent à l'État. A ce moment solennel, voici quelle fut la déclaration de Gourdin :

« Messieurs (il s'adresse aux officiers municipaux),

« En embrassant, il y a trente ans et à l'âge de vingt-un ans, la profession religieuse, j'ai choisi de préférence une congrégation dans laquelle je trouvois des moyens plus sûrs de remplir les devoirs que m'imposoit la qualité de citoyen. Persuadé que ces devoirs sont d'obligation première, dans quelque état que l'on vive, j'ai fait jusqu'à présent tous mes efforts pour m'en acquitter. J'étais encore étudiant en théologie lorsqu'en 1766 j'ai publié un petit ouvrage de morale sous le titre de l'Homme sensible. En 1772, je fis imprimer à Rouen un ouvrage de physique intitulé : Nos après dinées à la campagne. J'enseignois alors la rhétorique au collége de Beaumont, et j'ai enseigné sept ans. En 1775, je publiai à Caen des considérations sur l'action de l'orateur. Au sortir de Beaumont, le désir de me rapprocher de ma famille me fit passer en Picardie. J'y entrepris l'histoire littéraire de cette province. Un certain nombre d'articles ont été lus à l'Académie de Rouen. Mes recueils sur cette histoire forment 3 volumes in-4°. En 1778, je revins à Rouen, afin d'être plus à portée de profiter des lumières de l'Académie. Alors, pour me faciliter la continuation de mes travaux, les chapitres généraux de ma congrégation m'accordèrent une pension qui, en 1783, fut portée à 300 l. Rendu au sein de mes confrères de l'Académie, plusieurs m'excitèrent à publier ma rhétorique. Je la donnai, en 1785, sous le titre de : Principes généraux et raisonnés de l'art oratoire. J'entretenois souvent la Compagnie des moyens de rendre l'étude des langues et surtout du latin plus facile et plus courte. On me porta à écrire sur cette matière, et mes premiers essais firent à l'Académie de Lyon, dont je suis membre, une sorte de fortune. On me demanda la permission de les insérer par extraits dans un journal de cette ville, et à ces extraits on joignit l'approbation même de l'Académie. Cet ouvrage sur les langues m'occupe actuellement, et quand il paroîtra, j'ose espérer qu'on verra qu'il a demandé beaucoup de lecture et encore plus de méditation. Pendant que je paroissois par extraits dans le journal de Lyon, je travaillois ici à un traité de la traduction que quelques gens de lettres me demandoient. Il vient de paroître en 1789.

« En vous rendant compte, Messieurs, de la manière dont j'ai cherché à m'acquitter envers la société et à mériter d'elle, si j'avois la sote présomption de tirer vanité de mes foibles productions, j'ajouterois qu'en 1771, j'ai remporté le grand prix des belles-lettres à l'Académie de cette ville, que cette compagnie couronna au mois d'août celui quelle venoit d'adopter six semaines avant ; je dirois qu'en Angleterre on a traduit et fait imprimer, dans les tomes VIII et IX des Mémoires de la Société des Antiquaires, de mes dissertations sur des sujets de numismatique et d'antiquité; mais mon dessein, en rendant la municipalité témoin de mes travaux, n'est point de me faire valoir ; c'est de l'engager à s'intéresser pour moi auprès de l'Assemblée nationale, laquelle promet une augmentation de pension aux religieux qui ont cherché à se rendre utiles.

« Un motif plus digne de ma délicatesse est celui, Messieurs, de mériter votre bienveillance et votre protection ; c'est de vous porter à me procurer, dans une des maisons que vous conserverez, les moyens de continuer mes travaux.

« C'est à l'état que j'ai embrassé que je dois la considération dont m'honorent les personnes honnêtes, et j'ose le dire, les gens de lettres nationaux et étrangers avec lesquels je suis en correspondance. Je ne dois donc renoncer à un état, qui m'est si cher à tant de titres, que forcé par des circonstances qui ne me permettraient plus d'y jouir d'une existence sûre, honorable et utile.

« A Rouen, ce 19 avril 1790.

« Signé : Fr. Ph. Gourdin, religieux bénédictin de la congrégation de Saint-Maur, membre de plusieurs académies nationales et étrangères, Bibliothécaire breveté du Roi de celle de Rouen. »

C'est par cette citation que je finirai cette suite d'extraits où, comme on le voit, il n'est guère moins question de l'Académie de Rouen que du savant bénédictin qui, pendant près de quarante ans, fut un de ses membres les plus distingués.

Extrait du *Précis* des Travaux de l'Académie impériale des Sciences, Belles-Lettres et Arts de Rouen. — Année 1866-1867.

www.ingramcontent.com/pod-product-compliance
Lightning Source LLC
LaVergne TN
LVHW020247230826
846091LV00006B/2287

9782019229726